CON GRIN SUS CONOCIMIENTOS VALEN MAS

Estructura general de las ciencias. Una propuesta metodológica urgida

Rogelio Bermúdez Sarguera
Marisela Rodríguez Rebustillo

GRIN ☺

Bibliographic information published by the German National Library:

The German National Library lists this publication in the National Bibliography; detailed bibliographic data are available on the Internet at http://dnb.dnb.de.

ISBN: 9783346580504
This book is also available as an ebook.

Print and binding: Books on Demand GmbH, Norderstedt, Germany
Printed on acid-free paper from responsible sources.

The present work has been carefully prepared. Nevertheless, authors and publishers do not incur liability for the correctness of information, notes, links and advice as well as any printing errors.

GRIN web shop: https://www.grin.com/document/1165894

Título: *"ESTRUCTURA SISTÉMICA DE LAS CIENCIAS: UNA PROPUESTA METODOLÓGICA URGIDA"*

"Un sistema que lo abarca todo,
un sistema definitivamente concluso del conocimiento de la naturaleza
y de la historia, está en contradicción con las leyes fundamentales del
pensamiento dialéctico; lo cual no excluye en modo alguno, sino que,
por el contrario, supone que el conocimiento sistemático de la
totalidad del mundo externo puede dar pasos de gigante de
generación en generación"
F.Engels

Autores:

Dr. Rogelio Bermúdez Sarguera (PhD)
Dra. Marisela Rodríguez Rebustillo (PhD)

índice

Resumen

El presente artículo focaliza la estructura general de las ciencias y, en consecuencia, sus cuerpos cognitivo-teórico y metodológico. Con el *objetivo* de identificar los niveles estructurales que a la ciencia debieran corresponderle, así como los elementos que los conforman, se ha aplicado fundamentalmente el denominado enfoque sistémico-estructural, considerado por los autores como un método de procesamiento de la información recopilada en la investigación, a modo de ubicar dentro del sistema de relaciones de generalidad pertinente cada uno de dichos elementos. Asimismo, se consideró lícito definir los conceptos tratados, en aras de la configuración del sistema teórico al que se apunta y advertir el grado de supraordinación, subordinación y concomitancia de aquellos, cuyo resultado se obtiene en virtud de la aplicación del método analítico-sintético como método intelectual de procesamiento de la información recopilada, de acuerdo con la clasificación de los métodos de investigación realizada por los autores. El resultado preponderante conseguido se halla en el sistema conceptual-metodológico creado para sostener el orden de todo el material fáctico que, en este sentido, se posee sobre el conocimiento científico universal.

Palabras claves: ciencia, concepto, conocimiento científico, enfoque sistémico-estructural, método de investigación.

Title: **"SYSTEMIC STRUCTURE OF SCIENCES: AN URGENT METHODOLOGICAL PROPOSAL"**

Summary

This article focuses on the general structure of science and, consequently, its cognitive-theoretical and methodological bodies. In order to identify the structural levels that science should correspond to, as well as the elements that make them up, the so-called systemic-structural approach has been applied fundamentally, considered by the authors as a method of processing the information collected in the research. , by way of locating each of these elements within the system of relevant generality relationships. Likewise, it was considered lawful to define each of the concepts treated for the sake of the configuration of the theoretical system to which it is aimed and to notice the degree of superordination, subordination and concomitance of those, whose result is obtained by virtue of the application of the analytical method- Synthetic as an intellectual method of processing information collected, according to the classification of research methods by the authors. The preponderant result achieved is found in the conceptual-methodological system created to maintain the order of all the factual material that, in this sense, is possessed about universal scientific knowledge.

Keywords: science, concept, scientific knowledge, systemic-structural approach, research method.

Introducción

Las ideas apremiantes que se han de colocar en la palestra valorativa de este artículo giran en torno a las siguientes hipótesis.

Primero. Que la idea basal por defender y que ha de subsumir cualquier otro cuestionamiento ha de ser la relación irremisiblemente dialéctica entre el conocimiento y el método correspondiente, por lo que la unidad teoría-método debe constituir la *conditio sine qua non* de la existencia de la ciencia.

Segundo. Que la concepción dual del universo es igualmente aplicable a la categoría de ciencia.

Tercero. Que la ciencia, estructuralmente hablando, no escapa de los niveles de supraordinación, subordinación y coordinación de los conceptos basales que la definen.

Cuarto. Que el aparato cognitivo-teórico y el aparato metodológico devienen elementos constitutivos de la categoría ciencia.

Desarrollo

a) Lugar de la ciencia en el sistema de relaciones de generalidad de los conceptos teóricos

Múltiples son los autores que se han detenido en el concepto de ciencia, caracterizándolo como "...conocimiento racional, sistemático, exacto, verificable y [sic] por consiguiente [sic] falible [sic]. Por medio de la investigación científica, --continúa afirmando este autor-- el hombre ha alcanzado una reconstrucción conceptual del mundo que es cada vez más amplia, profunda y exacta" (Bunge, s/f, p.6). No es difícil advertir que tales expresiones no son más que cinco insanas, las primeras, y tres insanas, las segundas, formas de palabrerías que, como ruidos de latón, suenan en la palestra de la definición de la categoría de ciencia. Vacuas y vacías palabras la de este autor, cuando sigue negando todo lo que en materia de conocimiento científico la ciencia misma ha aportado y defendido. "Los números no existen fuera de nuestros cerebros, --continúa expresando el mismo autor-- y aun allí dentro [sic] existen al nivel conceptual, y no al nivel fisiológico" (Bunge, s/f, p.6). Confunde el autor los niveles de movimiento de la materia, y asume como verdadera una insalvable brecha entre dos niveles que no tienen nada que ver en el plano singular de análisis, a no ser como puntos nodales de relación de medida en el plano general de dichas formas de movimiento, al decir: lo que existe a nivel conceptual, no existe a nivel fisiológico. ¡Tamaña extravagancia tautológica! Al autor no le queda claro aún que todo cuanto se halla en nuestra cabeza lo hemos configurado –representado-- como imagen de la realidad objetiva/subjetiva que reflejamos.

Permítanos algunas otras valoraciones oportunas sobre las posiciones de este autor y, con ello, esclarecer la definición de esta categoría.

Primero. Caracterizar al conocimiento como racional, sistemático, exacto, verificable y, por consiguiente, falible, con relación a su naturaleza científica, es abocarnos a meras contradicciones, cuyo resultado final es un callejón sin salida. Cuando de la naturaleza racional del conocimiento científico se trata, es una perogrullada decir que es racional, pues el conocimiento empírico también lo es. ¿Qué razones le asiste al autor para pensar que un conocimiento exacto y, por ende, ya demostrado, deba ser verificable? ¿Cómo es posible que el conocimiento sea exacto y, a la vez, falible, entendiendo por esto último aquel conocimiento erróneo, equívoco, incierto, inexacto e inseguro? ¿De qué magnitud puede dignificarse una contradicción para que el pensamiento correcto pueda tolerarla? El conocimiento científico es exacto, correcto, y no deja brecha para ningún otro que trate sobre lo mismo. Cuando al trebejista cubano José Raúl Capablanca, en 1927, alguien le preguntó cuántas jugadas advertía sobre su tablero, lacónicamente respondió: "*solo una; la correcta*". Este conocimiento es, en el eterno sentido de la palabra, trascendente. Lamentablemente, en el devenir regular de las

6

investigaciones, los hombres asumen como verdades lo que no lo es, pues "...la mente humana es maestra en proponer en cada época construcciones dotadas de *aparente coherencia* y *pretendidamente definitivas* [la cursiva es añadida]" (Betto, 2009, p.196).

Segundo. Decir que el hombre ha alcanzado una reconstrucción conceptual del mundo no es otra cosa que expresar que la concepción que tiene el hombre del mundo ha sido nuevamente pensada, reconceptualizada. Y de lo que rigurosamente se trata es de connotar que entre el mundo y el reflejo que de él tenemos, al pensarse, podrían mediar dos tipos de conceptos: el concepto empírico (preconcepto) o el concepto científico (concepto). Esto trae a colación los órdenes de esencia del conocimiento teórico. Elaboró su teoría de la relatividad el archiconocido A.Einstein para afirmar que el conocimiento científico no era relativo, sino absoluto: desde cualquier ángulo en el que se hallara el observador, este debería observar lo mismo. ¡*Nota bene!* Inamovible es la posición científica de Engels (1878), al decir que "la matemática de los habitantes de otros cuerpos celestes *no puede basarse en axiomas diversos de los nuestros* [la cursiva es añadida]" (Engels, p.43). ¡Genial! El conocimiento correcto es solo uno. Y aunque la ascensión de las abstracciones los diferencie, respondiendo a una determinada época histórica, ellos no se diluyen en la anterior, pero siguen abrazando en su seno la esencia de su existencia.

Tercero. Aseverar que la reconstrucción conceptual del mundo es cada vez más amplia, profunda y exacta, como lo hace Bunge (s/f), son solos fárragos inútiles que nada aportan a la dinámica y operatividad de la investigación científica. ¿Hasta dónde se sumerge lo profundo y hasta dónde se extiende lo amplio? Y una vez más, este autor oye el repiqueteo de campanas, pero no sabe de dónde viene el sonido. Si la reconstrucción del mundo se traduce en conceptos de elevada abstracción, en la que la exactitud se aproxima a lo invariable, entonces, ¿de dónde sustrae Bunge (s/f) la cacareada y nada demostrada idea con arreglo a la cual aquella reconstrucción es cada vez más exacta, si él mismo pasa afirmando que el conocimiento científico es falible, propiedad que sí debe ser adjudicada al conocimiento empírico; no al científico? El conocimiento empírico es un conocimiento inacabado, propio de la vía inductiva de razonamiento; de ahí la necesidad de continuar investigándolo a través del razonamiento deductivo.

Como todo objeto de estudio, la ciencia igualmente ha sido sometida a la clasificación. Si bien la ciencia ha sido tipologizada en exactas, naturales y sociales (Engels, pp.77-78), en ciencias formales, naturales y sociales (Carnap, 1955), también se ha clasificado en ciencias formales y fácticas (Bunge, s/f, p.6) y en ciencias duras (ciencias a secas; ciencias de la naturaleza) y blandas (ciencias histórico-sociales) (Citado por Gil, 2003). Sin ambages, nos alineamos a la concepción filosófica del presbítero cubano F.Varela y Morales, al señalar que *"todas las ciencias son exactas* [la cursiva es añadida] y sería un absurdo decir que alguna de ellas no lo fuera" (1992, p.117). En efecto,

> La construcción de los objetos de conocimiento, en las diversas ciencias, dado que el sujeto que investiga, en sus condiciones epistemológicas fundamentales, no es variable según el objeto que atiende, implican una actividad fundamental del sujeto, igualmente refutadora del empirismo y de los varios tipos de apriorismo. En todos los casos, como muestra el constructivismo genético en sus indagaciones, el "objeto" se resiste, recula, puesto que *la realidad, en efecto, es organizable a través de nuestras teorías, pero no de cualquier manera* [la cursiva es añadida]. (Gil, 2003, p.162)

Por último, no deberíamos cerrar este epígrafe, sin antes focalizar la definición que del concepto de ciencia nos enuncia Bunge (s/f).

> La ciencia --expresa el autor-- es un conjunto de disciplinas *dedicadas a la búsqueda de información* [la cursiva es añadida] sobre un cierto tema, es decir, al conocimiento [*sic*]. *Su función es explicar, descubrir e inventar* [la cursiva es añadida] algo que sea verdadero y válido para toda la humanidad, a través de la investigación y del método científico. (p.

Aquí hay mucha tela por donde cortar, pero nos faltan espacio para el despliegue del análisis necesario. Por ello, solo nos detendremos en los puntos siguientes, respondientes al objetivo de este artículo.

Primero. Método científico y conocimiento científico no son una y la misma cosa. Mientras que el conocimiento es un reflejo subjetivo que de la realidad se obtiene y que puede o no coincidir con las leyes del comportamiento de dicha realidad, el método, por su parte, es aquella acción con la que se actúa sobre esa realidad, transformándola. Por lo que no es difícil advertir que el método es a la investigación como el conocimiento científico es a la ciencia.

Segundo. Eso nos conduce razonablemente a pensar que una cosa es conocimiento científico ya obtenido y, otra bien distinta, la hipótesis de la investigación científica que, una vez confirmada su veracidad, deviene conocimiento científico.

Tercero. De acuerdo con este razonamiento, la ciencia no es la búsqueda de información, sino un sistema de conocimientos científicos ya confirmados. Por supuesto, ese sistema tuvo como fuente la investigación –la búsqueda, si es que así deseáramos denominarle--, pero ya no se reduce a ella. No es lo mismo ir a comprar un objeto que ya haberlo comprado. Buscar información es una acción que termina cuando la hemos obtenido. Y la ciencia es conocimiento correcto obtenido. Por cierto, que no habláramos de información, sino de conocimiento, pues este último apunta al carácter activo de las personas puesto en juego en el proceso investigación. En la investigación, se busca –recopila— información, pero es para procesarla de acuerdo con el objetivo de la investigación y, con ello, obtener el conocimiento acabado correspondiente y, por ende, correcto, científico, teórico.

Cuarto. La función de la ciencia, a nuestro modo de ver, no es explicar, descubrir ni inventar algo, pues de lo que se trata es de que ella se anticipe, en virtud de los conocimientos científicos obtenidos, a determinados hechos, sucesos, fenómenos, que tendrán lugar en la realidad y que deben ser controlados a favor de la vida y la satisfacción de las necesidades sociales humanas. Cuando Ud. investiga científicamente, obligatoriamente aprende conocimientos científicos y eso pasa a constituir –para Ud. o para la humanidad— una plataforma cognitiva que, *a posteriori*, será aplicada en aras de salvar la existencia en cualquiera de sus expresiones. Con el método científico –tal cual lo refería F.Bacon, en el siglo XVII, y que llega casi incólume hasta nuestros días, el investigador explica, argumenta, comprueba, justifica, en última instancia, demuestra, pero no lo hace cuando ya el conocimiento científico se obtuvo. ¿Ya para qué? No confundamos lo histórico-lógico como método de investigación con los conocimientos sistematizados que, en virtud de ese método, ya se obtuvieron.

Por último, el autor de aquella definición deja entredicho la diferencia de la investigación con relación al método científico, como si no fueran lo mismo. ¿No es la investigación –en su plano instrumental-- la aplicación del método científico?, ¿podría Ud. investigar sin emplear métodos de investigación o viceversa?

Grosso modo, la pretendida estructura que a la ciencia debemos conferir debe quedar conformada, pensamos, por un aparato cognitivo-teórico y un aparato metodológico.

Cuando de la categoría de *ciencia* se trata, entonces el aparato cognitivo-teórico y el aparato metodológico deben subordinarse a dicho concepto general, devenido unidad de la diversidad de sus elementos constituyentes. Engels (1878) lo apunta bajo estricta esencialidad:

...el pensamiento consiste tanto en la *separación de objetos de consciencia* [la cursiva es añadida] en sus elementos cuanto *en la unificación de elementos* [la cursiva es añadida] correspondientes en una unidad. No hay síntesis sin análisis... (p.29)

Y esa unidad le atañe, en el sistema teórico que se construye, a la categoría ciencia. Al desglosar dicha categoría en sus elementos privativos correspondientes, pensamos que debe ser supraordinada sobre los conceptos de lo *cognitivo-teórico* y lo *metodológico*. Veamos.

Al elaborar un sistema cognitivo-teórico, no podemos prescindir de las relaciones estructurales y funcionales que necesariamente existen entre los conceptos teóricos que lo conforman. Mientras la relación funcional explica la interdependencia *de causa-efecto* entre dos o más conceptos, la *relación estructural* describe el orden que entre ellos debe existir en dicha estructura.

Permítanos una urgente digresión.

Primero. Que todo sistema conceptual está configurado por conceptos teóricos o científicos, pues los conceptos de naturaleza empírica no pueden ser reducidos a un sistema. De este modo, cuando de sistema se trata, estamos aludiendo, por antonomasia, a la estructuración por niveles de conceptos de naturaleza teórica.

Segundo. Que lo cognitivo, como unidad que sintetiza el conocimiento, puede ser tanto de naturaleza empírica como teórica. Pero cuando de ciencia se trata, solo podemos aludir al conocimiento científico.

Tercero. Que el concepto, como expresión del conocimiento, puede también clasificarse en empírico y científico. Pero cuando de ciencia se trata, solo estamos aduciendo al concepto científico, a lo cognitivo-teórico; no al concepto empírico o preconcepto, también relevante, cuyo significado se lo adjudicamos al constituir la fuente del concepto científico. El concepto empírico es resultante del método inductivo –del hecho al concepto empírico--, en tanto el concepto científico resulta de la aplicación del método deductivo – del concepto empírico al concepto científico. Sobre el particular no nos detendremos por falta de espacio.

Cuarto. De ahí que todo sistema –teórico por antonomasia— descanse en los conceptos teóricos de mayor o menor nivel de generalidad.

Quinto. Si bien en la literatura especializada se aboga por la existencia de los denominados mapas conceptuales con el fin expreso de organizar los conceptos teóricos, pensamos que nada más lejos de ese objetivo, toda vez que dichos mapas, a juicio nuestro, no son más que el desvarío epistémico de relaciones gramaticales, en las que una misma relación de conceptos puede hallarse bajo múltiples expresiones lingüísticas, que nada tienen que ver con el conocimiento científico, con un sistema de conocimientos. De ahí que hallamos considerado el concepto de pirámides conceptuales, en las que, bajo la rigurosa aplicación del enfoque sistémico-estructural, los conceptos se ubican en el sistema de relaciones de generalidad pertinente, en el lugar que dichas relaciones dicten (ver Bermúdez Sarguera, R. y M. Rodríguez Rebustillo (2018).

Apuntando al mismo orden de generalidad, la relación estructural puede ser de dos tipos. En dependencia del grado de generalidad que existe entre los conceptos, se producen relaciones de supraordinación y subordinación; por ejemplo, esto puede observarse al correlacionar los conceptos de *actuación, actividad* y *comunicación*, en el campo de la psicología, en la que los conceptos de *actividad* y *comunicación* se subordinan al concepto de *actuación* y, este último, se halla supraordinado al de *actividad* y *comunicación*. En función del grado de *concomitancia*, las relaciones serán de coordinación; por ejemplo, este tipo de relación puede advertirse entre los conceptos de *actividad* y *comunicación* que se sitúan al mismo nivel de generalidad y cuya integración da lugar al concepto teórico de *actuación*, en nuestro sistema cognitivo-teórico para el campo de la psicología como ciencia.

Esto nos conduce a afirmar que los conceptos que se ubican dentro de un sistema dado pueden dar lugar a la formación de *principios* o de *leyes*, al ser relacionados entre sí. Entendemos como *principio*, la relación existente entre dos o más conceptos generales en un mismo campo del saber teórico. Así, podemos encontrar, dentro de la ciencia psicológica, el principio que expresa la unidad entre el sujeto y su actuación concreta. En este caso, los conceptos de sujeto y actuación son concomitantes, en tanto se hallan a un mismo nivel de generalidad. Dicho principio nos explica que no hay actuación sin sujeto que la lleve a cabo y, al mismo tiempo, la condición de que un individuo devenga sujeto se sustenta en la posibilidad de ser regulado por otro y, por ende, de interactuar con la realidad, es decir, de realizar la actuación correspondiente.

Por su parte, la *ley* expresa la relación estable, interna y esencial entre los conceptos de máxima generalidad y, por ende, de máxima aplicabilidad. Digamos, en el campo de la química, la ley periódica explica que las propiedades de los elementos químicos dependen de la estructura del átomo y varían de manera sistemática con el número atómico. Esta ley relaciona dos conceptos de máxima generalidad, a saber, el concepto de número atómico y el concepto de propiedad periódica.

En síntesis, todo sistema de conocimientos –nótese que enfatizamos el término de sistema, abordado más arriba— puede ser desglosado en su aparato cognitivo (teórico) y en su aparato metodológico. No hay ciencia sin conocimiento científico, como no hay conocimiento científico sin la aplicación de un método, con sus procedimientos y medios correspondientes, configurándose así el aparato metodológico de la ciencia. Si bien el aparato cognitivo se configura a través de los cuerpos legal y categorial de cualquier campo del saber científico, el cuerpo legal, a su vez, debe estar conformado por las leyes y los principios que a ese campo atañen, como las categorías y los conceptos basales que la erigen.

Como habíamos referido, el aparato metodológico de toda ciencia debe quedar sistematizado por las relaciones jerárquicas entre los métodos, los procedimientos, --como formas de instrumentación de los métodos-- y los medios, como elementos basales del sistema a través de los cuales se objetivan los métodos –condiciones de aplicabilidad del método. Permítanos esquematizar lo dicho (ver esquema 1).

Esquema 1: *"Estructura general de las ciencias, según Bermúdez-Rodríguez"*

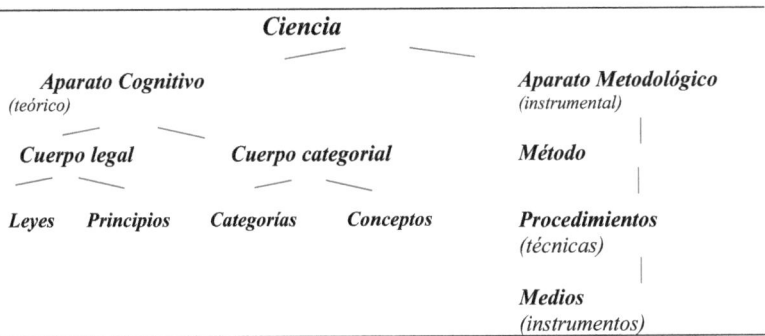

Fuente: elaboración propia

Si tuviésemos que establecer las relaciones necesarias entre los conceptos del cuerpo categorial del aparato cognitivo, entonces estaríamos sujeto a definir el concepto como aquella generalización –abstracción— que ha de incluir los indicadores de esencia que, a nuestro modo ver, deben ser inherentes al concepto científico, *v.g., las propiedades determinantes del objeto de estudio, las contradicciones que le son inherentes, las causas de su surgimiento, las leyes de su comportamiento y las tendencias de su desarrollo*. Sobre el particular, puede consultarse Bermúdez Sarguera, R. y M. Rodríguez Rebustillo (2018).

Estos enunciados, por así decirlo, no tienen por sí mismos ningún atractivo debido al vacío de contenido. Por ello, nos parece atinado añadirles contenido, tomado de las relaciones que configuran un campo de saber como el de la metodología.

Parecería que hasta aquí habríamos dado al traste con el enfoque estructural que sobre la categoría *ciencia* aplicamos, pero ¿qué sucede cuando de la ciencia metodológica en sí misma se trata?

Si somos lo razonablemente estrictos a la hora de relacionar la categoría ciencia, tal cual la hemos definido, con la metodología como ciencia, no sería difícil advertir que habremos entrado insalvablemente en un callejón sin salida.

En efecto, si la estructura general de la ciencia, a nuestro juicio, es un sistema de conocimientos teóricos al que se integra su cuerpo metodológico, entonces ¿qué resulta cuando de la metodología como ciencia se trate?, ¿no sería lógico pensar que, si la ciencia posee un cuerpo metodológico, entonces la metodología como ciencia ha de estar sujeta a la posesión incuestionable de un cuerpo de la misma naturaleza metodológica? De responder afirmativamente a estas preguntas, estaríamos abogando por la tautología que sin ambages florece, pues la simple repetición que en el predicado aparece es justo lo que ya está dicho en el sujeto, a saber, a la metodología le es privativo un cuerpo metodológico. ¿Cómo resolver esta contradicción?

b) *Lugar de la metodología en el sistema general de las ciencias*

Tomando en consideración el contexto filosófico como marco de referencia general, pudiéramos discriminar cuatro aspectos teóricos fundamentales de la dialéctica, a través de los cuales se revela la relación que el hombre establece con el mundo o con aquella parte de la realidad objetiva y/o subjetiva sujeta a conocimiento, interpretación y/o transformación, a saber: *el aspecto ontológico*, como reflejo de la relación entre el pensar y el ser, como teoría acerca de las leyes más generales del desarrollo del ser; *lo gnoseológico*, epistemológico o teoría del conocimiento, a través de lo cual se trata de explicar la relación entre el sujeto cognoscente y el objeto de su conocimiento, revelándose en ella la fuente y el curso del conocimiento; *lo lógico*, como forma en que se sistematiza y generaliza el conocimiento que se obtiene, y, por último, el *aspecto metodológico* como el más relevante dentro del problema general que se examina y considerado como aquella dimensión del contexto filosófico inclusiva de las normas o las guías para la acción indagativa y/o transformadora de la realidad en beneficio del hombre. Lo metodológico, por ende, deviene instrumento con el que se obtiene el conocimiento científico y la transformación práctica de la realidad. En consecuencia, no ha de obviarse la relación necesaria entre lo metodológico y los restantes aspectos mencionados, a tenor del procedimiento relacional explicativo como basamento de nuestras ejecuciones concretas justo en ese plano.

La primera dificultad que nos encontramos al analizar el concepto de metodología reside en las múltiples definiciones formuladas acerca de este. Así, algunos autores consideran que el concepto de *metodología* debe ser definido como un enfoque, doctrina o parte de la filosofía que, sobre la base del conocimiento de la realidad, establece las normas o guías para la transformación de esta, expresadas a través de los principios generales del conocimiento y el sistema categorial de la ciencia (Galló, 1980; Kaprivin, 1981). Otros lo abordan conceptuándolo como la ciencia que estudia los métodos, técnicas, procedimientos y medios dirigidos a la investigación o a la enseñanza de una disciplina dada (Marinko y Stoliarov, 1982; Castillo, 1988; Rusavin, 1990).

Como se puede apreciar, cada una de estas posiciones parte de un marco referencial diferente y, por lo tanto, el conocimiento que se obtiene enfatiza la parcialidad de los autores con la teoría general que los sostiene. Así, mientras la primera proposición se halla delimitada en el nivel superior de un sistema de relaciones de generalidad dado –filosófico--, la segunda es expresión de un nivel metodológico particular o especializado.

Por consiguiente, la resolución al problema que ante nosotros se plantea solo puede darse a través de la estructuración por niveles de los distintos contenidos implícitos en el concepto que se valora y de este modo comprender la dinámica y el movimiento que a ellos asiste.

Considérese tomar como pivote la concepción que establece cuatro niveles metodológicos para el estudio de las ciencias, en general, y de las sociales en particular.

El nivel superior de dicha estructura ha de estar conformado por la metodología filosófica, cuyo contenido presupone un sistema de premisas y orientaciones de la actividad cognoscitiva expresado a través de los principios generales de este y el sistema categorial de la ciencia. Este nivel subsume las metodologías de las disciplinas científicas fundamentales (ciencias exactas, naturales y sociales) cada una de las cuales incluye el conjunto de metodologías de las ciencias particulares (por ejemplo, la metodología de la historia, de la psicología, etc.).

En el plano metodológico particular, concebimos un cuarto nivel conformado por la metodología científica concreta que se aplica a una clase de objetos y situaciones limitadas, específica para el área dada de conocimiento, y objetivada en la investigación, la enseñanza y el aprendizaje (Esquema 2).

Esquema 2: *"Estructura general de la ciencia metodológica"*

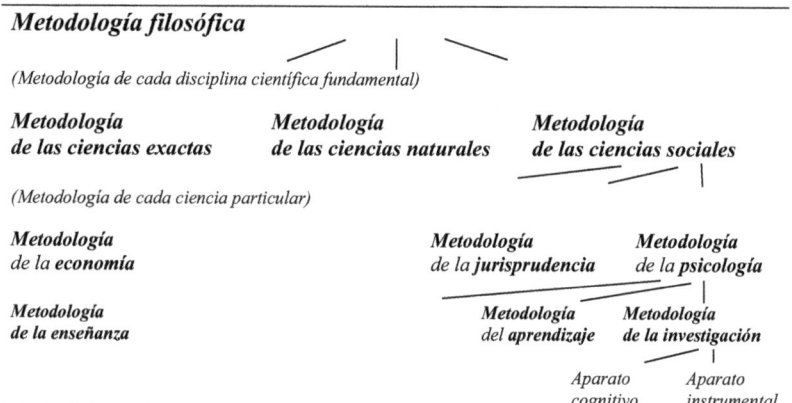

Metodología filosófica

(Metodología de cada disciplina científica fundamental)

Metodología	**Metodología**	**Metodología**
de las ciencias exactas	**de las ciencias naturales**	**de las ciencias sociales**

(Metodología de cada ciencia particular)

Metodología	**Metodología**	**Metodología**
de la economía	**de la jurisprudencia**	**de la psicología**
Metodología	**Metodología**	**Metodología**
de la enseñanza	**del aprendizaje**	**de la investigación**

Aparato   Aparato
cognitivo   instrumental

Fuente: elaboración propia

Todo campo del saber, al erigirse en ciencia, debe estar conformado por dos aparatos estructurales básicos: el aparato teórico y el aparato metodológico, de lo que se infiere que la metodología como ciencia ha de responder también a esos mismos elementos constitutivos.

Sin embargo, con el fin de evitar el riesgo de yuxtaposición de los propios elementos conceptuales que conforman la estructura de la ciencia en general, hemos denominado, por arreglo didáctico, aparato cognitivo al componente teórico de la ciencia metodológica e instrumental al componente predominantemente metodológico, lo cual responde a la teoría de la personalidad que subyace en el funcionamiento metodológico de la persona.

El contenido del aparato cognitivo se hace evidente en sus cuerpos legal y categorial constitutivos. Si el cuerpo legal de la metodología como ciencia se configura a través de las leyes y los principios específicamente metodológicos, su cuerpo categorial se expresa en las categorías y conceptos también estrictamente metodológicos.

Al establecer el nexo lógico entre los cuerpos legal y categorial como resultado del análisis dado, puede concluirse que el concepto es a la categoría como el principio es a la ley, poniéndose de manifiesto la inclusión de todos estos elementos dentro de un sistema de relaciones de generalidad que apuntan al máximo esclarecimiento y sistematización del conocimiento metodológico.

Por su parte, el aparato instrumental presupone los métodos, los procedimientos (técnicas) y los medios (instrumentos) con los que cuenta la metodología de la investigación --de la enseñanza y el aprendizaje-- para ser instrumentada en la práctica profesional. Tomar en cuenta la unidad entre los aspectos cognitivo e instrumental significa declarar, de hecho, la unidad de la teoría y el método como una de las premisas fundamentales que propicia la gestión metodológica del investigador, del docente o del alumno.

Sobre la base de lo expresado con anterioridad, es posible fundamentar el carácter independiente de la metodología como ciencia en función de la exclusividad de sus aparatos cognitivo e instrumental. Cabe señalar que, en los marcos de nuestra concepción, dialéctica con respecto a las necesarias relaciones que se establecen con otras ciencias, queda implícito la relatividad del carácter independiente de esta al considerar, en principio, que todo el conjunto de procesos de la naturaleza se encuentra en relación de sistema.

Ahora bien, esto nos conduce ineluctablemente a un callejón sin salida, quedando aparentemente sin resolución el problema cardinal que nos ocupa en este epígrafe, formulado de la manera que se describe a continuación.

Primero. ¿Qué razón asiste a la idea según la cual la ciencia metodológica –la metodología— puede resultar aplicada a los contextos de enseñanza, de aprendizaje y de la investigación? ¿Existen realmente cuerpos cognitivos teóricos e instrumentales para defender la idea de la independencia de esos tres campos del saber científico?

Segundo. Si hasta ahora se ha considerado que la metodología de la enseñanza (y la metodología del aprendizaje, sin la cual la primera no tiene razón de ser) opera con las categorías de la didáctica, se rige por principios didácticos, aborda las leyes de la asimilación, concretándose su carácter especial solo en el contenido de la ciencia de la cual ella se deriva, lo cual ha llevado a denominarla didáctica especial y, por lo tanto, su objeto de estudio es ampliamente compartido con la didáctica, entonces, ¿en qué radica su rasgo distintivo?, ¿es posible valorarla como ciencia independiente?

Tercero. La superposición de los aparatos cognitivo e instrumental entre dos ciencias es inadmisible, en tanto ambas se consideren ciencias independientes. Este punto crucial hay que superarlo a tenor de la determinación y la definición de aquellas categorías, conceptos, principios, leyes e instrumentos privativos de determinando campo del saber científico. ¿Podrían definirse, digamos, los métodos de la investigación científica sin yuxtaponerlos a los métodos de aprendizaje? ¿No será que la investigación y el aprendizaje son una y la misma cosa?

A estos cuestionamientos, volveremos en próximos trabajos, no sin antes considerar, como idea definitoria de la investigación, la exclusiva diferencia de los objetos de estudios en los campos de saber científico, sin la cual habríamos olvidado a Descartes para siempre en sus *Reglas para la dirección del espíritu*: dividir el todo en la mayor cantidad de partes que sea posible; ahí reside la investigación, gritaba a todo pulmón, el filósofo y matemático francés, en el siglo XVII.

Conclusiones

- La ciencia, bajo el enfoque sistémico-estructural, podría ser definida como la unidad del conocimiento científico –aparato cognitivo teórico— con el método que se obtiene –aparato metodológico.

- El aparato cognitivo-teórico debe estructurarse sobre la base de los cuerpos categorial y legal correspondientes. Mientras que el cuerpo categorial debe estar configurado en categorías y conceptos, propios del campo del saber específico, el cuerpo legal ha de responder a los principios y leyes privativos de ese campo.

- El aparato metodológico debe construirse a tenor de los métodos de investigación susceptibles de ser aplicados a ese campo de saber dado y sus correspondientes procedimientos y medios metodológicos. Sin método no hay teoría, como no existe teoría que no se sostenga sobre la base del cuerpo de métodos correspondientes. La teoría y su método se presuponen y se excluyen como toda unidad dialéctica inexorable.

Referencias bibliográficas

- Bermúdez Sarguera, R. y M. Rodríguez Rebustillo (2018). *Psicología del pensamiento científico.* (3ra. edición). Cienfuegos: Universo-Sur.
- Betto, F. (2009). *La obra del artista. Una visión holística del universo.* La Habana: Ciencias Sociales.
- Bunge, M. (s/f). *La ciencia, su método y su filosofía.* Recuperado de https://users.dcc.uchile.cl/~cgutierr/cursos/INV/bunge_ciencia.pdf
- Carnap, R. (1955). Recuperado de https://www.studocu.com/pe/document/universidad-nacional-mayor-de-san-marcos/introduccion-a-la-ciencia/clasificacion-de-la-ciencia-segun-rudolf-carnap/3449675
- Castillo, G. (1980). *La metodología del estudio.* En: Rev. La escuela en acción, (Madrid), 6 (10.408):26-29, Marzo.
- Engels, F. (02-01-2022). *Antidühring.* Recuperado de https://%20preparación/Engels-Antiduhring.pdf
- Gil Antón, M. (2003). *¿Ciencias duras y ciencias blandas? Una falsa dicotomía.* Versión escrita de la Conferencia presentada el 31 de octubre de 2003, en el marco del VIII Foro de Investigación: Congreso Internacional de Contaduría, Administración e Informática, organizado por la División de Investigación de la Facultad de Contaduría y Administración de la UNAM.
- Kaprivin, V.V. (1981). *Conferencias sobre metódica de la enseñanza de las Ciencias Sociales.* Ciudad de La Habana: Orbe.
- Marinko, I. e I.Stoliarov (1982). *Metodología de la enseñanza de la economía política.* Moscú: Progreso.
- Varela y Morales, F. (1992). *Misceláneas filosóficas.* Ciudad de La Habana: Pueblo y Educación.
- Rusavin, G.I. (1990). *Métodos de la investigación científica.* Ciudad de La Habana: Ciencias Sociales.